Genealogisches Publizieren

Ich widme
diesen Text allen noch Zagenden und
wünsche mir, dass sie nicht länger zögern,
mit eigenen Texten in einfacher Form
aus ihrer oft langjährigen Forschung
zu berichten. Dazu gibt es
viele Wege

PT

Genealogisches Publizieren

Zweite aktualisierte Auflage

Peter Teuthorn

Im September 2016

Bibliografische Information der Deutschen Nationalbibliothek

Die Deutsche Nationalbibliothek verzeichnet diese Publikation in der Deutschen Nationalbibliografie; Detaillierte bibliografische Daten sind im Internet über http://dnb.d-nb.de abrufbar.

(c) Peter Teuthorn, Gilching
   Kontakt: info@teu-net.de

Herstellung und Verlag:
BoD – Books on Demand, Norderstedt
ISBN 9783741280115

Wiedergabe des Inhalts in Druck oder digitaler Form nur mit Quellenangabe und ausdrücklicher Genehmigung des Autors.

Inhalt

Zu diesem Buch 7
Vorwort zur zweiten Auflage 9
Genealogisches Publizieren 11
Schreibangst? 13
Privat - Öffentlich - Open Access 17
Der Welt unsere Familiengeschichten erzählen 21
Das Schreiben 23
    Was? - Für wen? - Wie? 23
Publikationsformen 29
Weitere W-Fragen 31
    Wer - Wo - Wann - Was - Wie 31
Ein Konzept entwickeln 33
    Die Mind-Map-Technik 33
    Beispiel für ein Konzept (Ausschnitt) 35
[A] Das Blog oder Netztagebuch 37
[B] Blog und Website - Ein Paar 41
[C] Die Website - der eigene Platz im Netz 45
    Wozu nun aber die Website? 46
[D] Das GenWiki 51
[E] Der Aufsatz 53
[F] Das Buch 55
    Welche Art Buch? 55
    Formatfragen 56

Peter Teuthorn

Vom Manuskript zur fertigen Druckvorlage 56
Ein Buch produzieren 59
Copyshop - Druckerei - Buchbinderei 59
Book-on-Demand 61
ISBN 63
Suchen & Finden 64
[G] Mit der GEDCOM in die Online-Datenbank 67
[H] Das "elektrische" Buch 69
Nutzen für den Genealogen? 70
Eine epub-Datei erstellen 72
Das eBook-Cover 73
Zusatzangaben 73
Wie kommt der Text auf das Lesegerät 74
Reader-Welt 75
Mit EPUBReader direkt im Firefox-Browser lesen 76
Varianten, ein eBook zu erzeugen 77
[I] Social Media & Publizieren 79
Web-Links - eine willkürliche Auswahl 80
Verwendete Abkürzungen 82
Zum Schluss 85

Zu diesem Buch

Familiengeschichtsforschung ist ein Projekt, das sich laufend weiterentwickelt und in den wenigsten Fällen in der Lebenszeit des Forschenden abgeschlossen werden kann. Wenn diese Tatsache mit dem Ehrgeiz des Familienforschers zusammentraf, nur Fertiges zu veröffentlichen, vermoderten in der Vergangenheit viele Forschungsergebnisse auf den Dachböden und in den Kellern uninteressierter Erben. Mit heutiger digitaler Kommunikations- und Editionstechnik und vor allem mehr Mut zu vorläufigen Ergebnissen sollte das eigentlich nicht mehr passieren.

Dazu braucht es aber zwei Dinge, erstens die Einsicht des Forschers in diese Tatsache und zweitens Kenntnis der verschiedenen Wege zur Publikation. Das vorliegende Buch befasst sich mit den heutigen Möglichkeiten.

Diese Arbeit wird ganz bewusst im Original als eBook bereitgestellt. Ich probiere damit ein Medium aus, dem ich zutraue, künftig für das Veröffentlichen genealogischer Forschungsergebnisse eine wichtige Rolle zu spielen. Schon jetzt aber scheint es mir besonders geeignet, Zwischenergebnisse der eigenen in Fluss befindlichen Familienforschung auf einfache Art preiswert zu veröffentlichen. Das Medium eBook erlaubt es auch, eine überarbeitete oder erweiterte Version unkompliziert zu erzeugen und herauszugeben.

Peter Teuthorn

Web-Links sind auf eBook-Readern nur bedingt sinnvoll. Andererseits erhöhen sie durch praktische Anschauung schnell das Verständnis zu einem Sachverhalt. Da dieses ebook vermutlich auch auf PCs und Tablets gelesen wird, habe ich mich trotz der genannten Einschränkungen für das Einfügen von Web-Links entschieden.

Peter Teuthorn
im September 2014

Vorwort zur zweiten Auflage

Dem Familienforscher bieten sich mit der heutigen Vielfalt der Medien Möglichkeiten wie nie zuvor, sein angewachsenes Material und Wissen zu publizieren. Und doch scheinen viele das Veröffentlichen von eigenen Texten immer noch als großes unbekanntes Abenteuer anzusehen, vor dem sie zurückscheuen, sei es aus Respekt vor vermeintlich nicht erreichbaren Vorbildern oder aus Sorge vor technischen Hürden. Aus solchen Beobachtungen entstand vor zwei Jahren die Idee, einmal skizzenhaft die heute möglichen Wege zusammenzustellen und gleichzeitig die Formen eBook und Self-Publishing per Book on Demand auszuprobieren bzw. zu demonstrieren.

Da sich die digitalen Techniken schnell weiterentwickeln, waren einige Aussagen nicht mehr aktuell. Das Kapitel zum „Elektrischen Buch" musste daher völlig überarbeitet werden. Gleichzeitig mussten einige Bösartigkeiten der Fehlerteufelchen bereinigt werden.

Auch schien es angebracht, einige Gedanken aus dem Aufsatz des Autors in der ComputerGenealogie 3/2015 *Familiengeschichte auf elektronischem Papier* mit aufzunehmen.

Peter Teuthorn
Gilching im September 2016

Peter Teuthorn

Genealogisches Publizieren

Schreiben über Ergebnisse der Familiengeschichtsforschung

Sperriger geht es wohl nicht? Nun, es geht um Begriffe. Und die kommen nun einmal etwas umständlich daher. Wenn Kommissar Charitos* nachdenkt, dann greift er zum Dimitrakos**, seinem griechischen Lexikon. Er regt mich an, es ihm nachzutun.

GENEALOGIE: Genealogie (von altgriechisch geneá „Familie", und lógos „Lehre": genealogía „Stammbaum") bezeichnet im engeren Sinne die historische Hilfswissenschaft der Familiengeschichtsforschung, umgangssprachlich Ahnenforschung. Genealogen oder Familienforscher befassen sich mit menschlichen Verwandtschaftsbeziehungen und ihrer Darstellung. Verallgemeinernd wird als Genealogie einer Person oder Familie die Auflistung ihrer namentlich bekannten Vorfahrenschaft verstanden. (Wikipedia 20.8.2014)

GENEALOGIE: Unschöner von mir lange Zeit abgelehnter aber kurzer Begriff für Familiengeschichtsforschung. (meint der Autor)

PUBLIZIEREN: Etwas publik machen, ein Publikum finden, an die Öffentlichkeit, von innen nach außen gehen, sich zu Erlebtem äußern, Erfahrungen weitergeben, dazu nicht nur den Druck, sondern alle gängigen Medien einsetzen. (meint der Autor).

Peter Teuthorn

Und was publizieren wir? Bitte nicht nur den unkommentierten Extrakt unserer mit Genealogie-Programm gesammelten Datenflut! Es geht darum, wieder häufiger mit Texten vor das Publikum zu treten, mit Berichten, kleinen Geschichten, Anekdoten, aber auch natürlich auch mit Monographien und Chroniken.

---

* Detektivfigur meines Lieblingskrimiautors Petros Markaris.
** Dimitrakos, D. Mega lexikon ellinikis glossis Dimitrakou (Great Dictionary of the Greek Language)

Schreibangst?

Schaffe ich es, mit meiner Familiengeschichte an die Öffentlichkeit zu gehen? - Ein kürzliches Erlebnis

Die überwiegende Zahl der Familienforscher - dieser unscharfe Begriff wird ja am häufigsten gebraucht - ist Mitglied eines genealogischen Vereins. Dort erhalten die Mitglieder neben Vereinsmitteilungen in vielen Fällen auch eine periodische Vereinszeitschrift. Ein Beirat, Autoren mit akademischen Titeln oder jahrzehntelanger Forschererfahrung rufen Ehrfurcht hervor. Wissenschaftlicher Anspruch tut ein Übriges.

Ja, wir brauchen Qualität, und von dieser eher mehr als zu wenig. Viel zu oft reicht sie nicht aus. Die Kehrseite der Medaille: Der "Gemeine Familienforscher", aber auch unorthodox frisch formulierende Autoren werden abgeschreckt.

Als wir kürzlich in meinem Verein darüber nachdachten, wie wir Vereinsmitglieder dazu bringen könnten, mutiger über ihre Forschung zu berichten, meldete sich auch eine anerkannte Forscherin zu Wort. Sie wolle einmal ganz deutlich sagen, sie habe durch die Kriegsumstände nur die Volksschule besuchen können und traue sich einfach nicht. Obwohl sie viel zu berichten habe, würden ihre Möglichkeiten wohl nicht für den Anspruch unserer Zeitschrift ausreichen. Was soll man da entgegnen? Diese lebenstüchtige Kollegin hatte ja nicht nur Kinder erzogen und anspruchsvolle Forschung betrieben. Sie stammt aus einer Generation, in der noch regelmäßig Briefe und Postkarten geschrieben wurden, hat also Übung darin, sich schriftlich auszudrücken. Sie war beredt. Und trotzdem diese Mutlosigkeit.

Wer außer Journalisten, Wissenschaftlern und Literaten wird künftig noch Schreibübung haben? Tatsächlich wird sich unsere Schreibkultur weiter verändern. Die Schnelligkeit der Mailinglisten verleitet zu Nachlässigkeit in der Form. Spontane und emotional per Facebook geäußerte Banalitäten lassen Rechtschreibung und Grammatik verkümmern. Die Zeichenbegrenzung der Kurznachrichten auf Twitter fördert einen Überschriften-Stil. Das hört sich schrecklich an. Ja, ...

... aber die neuen Kommunikationsmöglichkeiten bieten auch Chancen, die wir früher so nicht hatten. Schreibfähigkeit kann in Stufen trainiert werden. Wir können mit kleinen Mitteilungen beginnen und versuchen, es nach und nach besser zu machen. Als Schüler beim Aufsatzschreiben dokumentierte der zerkaute Bleistift unsere damalige Überforderung. Die heutigen abgestuften Äußerungsmöglichkeiten dürften, zumindest bei unserem Hobby, keinen mehr überfordern. Mit ihnen hat jeder seine Möglichkeit. Auch davon soll im Folgenden die Rede sein.

Was ich hier nur andeuten konnte, erschließt sich dort, wo die Familienforschung (historical genealogical research and

Genealogisches Publizieren

---

family history) ein Volkssport ist, nämlich in den Vereinigten Staaten, aus den vielen genealogischen Blogs der dortigen Laienforscher. Die auch mentalitätsmäßig abweichenden Äußerungen dieser Kollegen lassen sich natürlich nicht 1:1 auf unser Land übertragen. Es lohnt sich aber deren Begeisterung zu beobachten. Denn wir können dort viele nützliche Anregungen finden. Eine dieser Stimmen, die ich mir gerne anhöre, ist Lynn Palermo: http://mycanvasblog.com/family-history-blog-book-lynn-palermo/
Sie gibt umfangreiche Tipps, wie eine Familiengeschichte verfasst sein könnte. Ihre Ausführungen und Anregungen haben fast Seminarcharakter.

Peter Teuthorn

Privat - Öffentlich - Open Access

Familienforschung ist ein privates Hobby. Da es sich zunächst im Wesentlichen mit der eigenen Familie beschäftigt, muss diejenige oder derjenige, der es betreibt, sich der sensiblen Beziehungsgeflechte in der Familie bewusst sein. Und nicht nur solcher, die er kennt, sondern vor allem auch jener, die wie ein Pilzgeflecht unter der sichtbaren Oberfläche bestehen können. Das erfordert eine ganze Menge eigener Sensibilität im Umgang mit den erhaltenen Informationen und wachsenden Kenntnissen. Wenn diese Feinfühligkeit bereits für Vergangenes und Zurückliegendes gilt, so noch stärker für die Gegenwart.

Es ist klar, dass Daten lebender Familienangehöriger nicht in die Öffentlichkeit gehören. Darüber hinaus kann dies auch für deren verstorbene Eltern und Großeltern gelten. Für den Umgang mit den Daten Verstorbener gibt es rechtliche Regelungen. Aber damit ist man noch nicht automatisch auf der sicheren Seite, wenn es Familienangehörige übel nehmen über Vergangenes zu berichten, was sie selbst immer noch seelisch oder moralisch berührt, was also, obwohl rechtlich gedeckt, für sie weiter bis in ihr gegenwärtiges Leben ausstrahlt. Wir müssen hier nicht ins Detail gehen. Manche Gründe können wir uns vorstellen, andere nicht. Wo Menschen leben kommen nicht nur schöne Dinge vor. Seitensprünge, Vergewaltigung, Unterschleif, Bankrott, Totschlag, ungewöhnliche Neigungen, alles das gibt es, und es ist ja sogar das Material, aus dem spannende

Peter Teuthorn

Geschichten bestehen. Vieles davon muss für unsere Berichte Tabu bleiben. So müssen viele unserer Familiengeschichten durch uns (heute noch) unerzählt bleiben.

Damit gehören Berichte darüber auf jeden Fall in den geschützten Bereich der Familie. Das ist nicht nur unsere eigene, enge Familie sondern letztlich auch die Großfamilie, zu der es ja häufig keine persönlich gelebte Beziehung gibt. Konsequenterweise gibt es einen nicht nur rechtlich geschützten Bereich mit dem der Familienforscher behutsam umgehen muss.

Solche Beschränkungen gelten nicht für lange zurückliegende Ereignisse. Zu den rechtlichen Grenzen ist der von Hans-Jürgen Wolf verfasste und im Computergenealogie Newsletter 09/2001 publizierte Artikel 'Personenbezogene Daten' hilfreich. Siehe http://wiki-de.genealogy.net/Personenbezogene_Daten

Immer wenn die beschriebenen Rücksichtnahmen nicht greifen, kann man bedenkenlos in die Öffentlichkeit gehen, also die Gemeinschaft der Familienforscher an der eigenen Familiengeschichte teilhaben lassen. So wird sie sich in vielen Fällen mit der Familiengeschichte anderer verknüpfen lassen. Die Familie ist jetzt in der Öffentlichkeit.

Dieser Schritt bedeutet zwar die Möglichkeit, Informationen zu erhalten, die nun nicht mehr privat sind, nicht aber auch automatisch den freien oder kostenlosen Zugang zu ihnen. Das ist ein wenig so wie mit Archiven und Büchern. Zu Archiven muss man per Reise und mit Gebühren den manchmal nicht leichten Zugang finden, Bücher muss man kaufen. Hier kommen Philosophie und Begriff des *Open Access*, des offenen und freien Zugangs zu den Quellen, in das Forscherleben.

Von vielen oberflächlich und vereinfacht betrachtet, trennt dieser Begriff die offene von der Bezahlwelt der großen global agierenden Unternehmen, wie vor allem Ancestry und MyHeritage, auf deren gesammelte Daten wir grundsätzlich nur gegen Bares blicken dürfen. Auch das neue deutsche Kirchenbuchportal dazu. Das sind nach grober Einteilung die Bösen. Die Welt der Guten dominiert der größte deutsche Genealogieverein, der Verein für ComputerGenealogie.

Wie immer gibt es ein Dazwischen. Viele Mitglieder regionaler Vereine wollen ihre Daten zwar für die weitere Forschung öffnen, dies aber nur für die Gleichgesinnten ihres Vereins. Andere Forscher möchten ihre GEDCOM-Dateien nur einer Vereinsdatenbank oder einer privaten Datenbank mit kontrolliertem Zugang (z.B. TNG) anvertrauen. Weltanschauung kann Grund dafür sein, nicht mit den Mormonen von FamilySearch zusammenzuarbeiten. Vereine können den Verkauf eigener Druckerzeugnisse, wie es das Ortsfamilienbuch (OFB) ist, zur Finanzierung ihres Archivs favorisieren und sich damit gegen einen freien Zugang in der OFB-Datenbank des Vereins für Computergenealogie entscheiden. Es gibt viele Gründe mehr.

Peter Teuthorn

Wir müssen uns mit dem Open-Access-Gedanken ohne weltanschauliche Scheuklappen offener als bisher auseinandersetzen. Wir müssen weg vom Entweder-oder und hin zum Sowohl-als-auch. Wir haben keine Mission, sondern den Wunsch nach optimalen Forschungsbedingungen. Dazu gehört z.B. auch die Binsenweisheit, dass ein professionell geführtes Vereinsarchiv nicht kostenlos zu haben ist.

In Deutschland gibt es mehr als 20.000 in Vereinen organisierte Genealogen. Wir müssen zur Kenntnis nehmen, dass wohl ein sehr hoher Prozentsatz dieser Mitstreiter den freien und kostenlosen Zugang zu allen Informationen ihres Hobbythemas befürwortet, ja sogar fordert. Auf der anderen Seite lehnen es geschätzte zwei Drittel von ihnen ab, ihre eigenen Forschungsergebnisse öffentlich zu machen! Schöne heile Welt des Open Access!

Der Welt unsere Familiengeschichten erzählen

Seit zwei Jahren diskutieren Forscher* und regionale Vereine zunehmend häufig über den genealogischen Nachlass. Auch die DAGV hat sich jetzt des Themas angenommen. Das ist gut so, sogar richtig erfreulich. Wir reden also vom genealogischen Werk des Forschers und über das, was davon übrigbleibt.

Damit ist es aber an der Zeit, einmal darüber nachzudenken, wie denn die Ergebnisse genealogischer Forschung in Deutschland aussehen. Der Antwortreflex springt natürlich sofort zu Zeitschriftenaufsätzen, Websites und Blogs, vielleicht sogar zu den sogenannten Sozialen Medien. Natürlich gibt es das, aber darauf will ich jetzt nicht hinaus.

Könnte es sein, dass ganz viele Forscher lange Ahnen- und Stammlisten zusammengetragen und mächtige Stammbäume errichtet, aber all das in ihren vier Wänden angehäuft haben, ohne dass davon etwas in die Forscherwelt nach draußen dringt? Gelegentlich öffnet sich wohl ein Fenster und eine GEDCOM verlässt das Haus zu Freunden oder zu einer Online-Datenbank. Viel Forschermaterial, vor allem aber die Familiengeschichten bleiben zu Hause. Dieser Geschichten wegen, die viel mehr sind als mit einem Genealogie-Programm säuberlich aufgereihte Daten von Geburt, Heirat und Tod, betreiben wir doch aber unser Hobby. Und das soll anderen Forscherinnen und Forschern verborgen bleiben, die sich jetzt oder eines schönen (späteren) Tages daran erfreuen oder darauf aufbauen könnten?

- Wir müssen erkennen, warum das so ist.
- Wir müssen das ändern.
- Wir müssen der Welt unsere Familiengeschichten erzählen.

Denn aufgemerkt! Was veröffentlicht wurde, hat das Haus verlassen. Es bleibt nicht als gefährdeter Nachlass übrig.

Bevor wir uns auf den Weg machen, müssen wir doch noch einmal innehalten, um was es denn gehen soll.

---

* Auch ich habe mich kürzlich umfassend dazu geäußert: Der Genealogische Nachlass – die unveröffentlichten Ergebnisse genealogischer Forschung / Vortrag Peter Teuthorn gehalten auf der Jahrestagung der AMF in Salzwedel, Mai 2014.

Darin auch die Aussage: *„Was publiziert ist, muss nicht nachgelassen werden."*

Publiziert als PDF unter
http://teuthorn.net/feuilleton/?page_id=3637
(nicht für den eBook-Reader optimiert)

Das Schreiben

Was? - Für wen? - Wie?

Vor einen möglichen Rat setze ich auch hier meine Überzeugung, dass es keine extremere Form des Individualisten gibt als die des Familienforschers. Damit erübrigt sich jeder Rat in Form einer Musterlösung. Die gibt es nicht, und der Familienforscher macht sowieso was er will. Nichtsdestotrotz will ich einige wenige Entscheidungshilfen versuchen.

Was?

Wenn Sie nach einigen Jahren des Forschens bereits eine Menge an Material zusammengetragen haben, ist der richtige Moment gekommen, an das Aufschreiben zu denken. Wenn Sie ihre Ahnen ganz klassisch von sich ausgehend erforschen, werden Sie sicherlich auch bei sich und vielleicht Ihrer Motivation beginnen und dann schrittweise in die Vergangenheit tauchen. Wenn Sie auf Ihrem Weg in die Vergangenheit schon weit zurückgekommen sind, gehen Sie umgekehrt vor und beginnen mit Ihrem Spitzenahn. Das sind die klassischen Inhalte. Aber vielleicht bietet sich ja auch ein über Generationen in der Familie ausgeübter Beruf als roter Faden an, oder ein geschichtliches Ereignis, eine politische Epoche wie die Nachkriegszeit. Die Möglichkeiten sind wirklich vielfältig. Persönlich liebe ich eine Form, die ich Forschungsbericht nenne. Welcher Zufall, welche

Peter Teuthorn

Systematik, welche Vorgehensweise brachte diese oder jene Erkenntnis.

Widerstehen Sie dem Gedanken, sofort die eine umfassende Geschichte - Ihr opus magnum - zu schreiben! Da Ihnen noch Puzzleteile fehlen, werden Sie das Schreiben immer wieder aufschieben. Beginnen Sie trotzdem jetzt. Denn, Sie ahnen es wahrscheinlich schon, Sie werden sowieso nie fertig. Niemand aus der Zunft der Familienforscher hat das je geschafft. Sie können aber auch deshalb beruhigt jetzt beginnen, weil die heutigen Publikationswege eine Reihe von Möglichkeiten zu späterer Ergänzung bieten. Beim Zeitschriftenaufsatz kann dies einige Jahre später ein Nachtrag in derselben Zeitschrift sein, beim Buch eine zweite Auflage und bei Netzpublikationen als Website oder Blog gibt es ohnehin laufende Korrektur- und Ergänzungsmöglichkeiten.

Beginnen Sie mit dem, was Ihnen am meisten Spaß macht. Vertrauen Sie zuerst einmal einfach Ihrem Bauchgefühl.

Bei umfangreicheren Arbeiten, die eine bestimmte Zeitspanne umfassen, wird man zum Verständnis wohl zunächst auch ganz klassisch auf die Geschichte der Epoche und die regionale Bühne eingehen.

Für Wen?

Auch bei dieser Überlegung gibt es die breite Palette. Einige raten davon ab, nur für sich selbst zu schreiben. Das würde niemand lesen, weil wahrscheinlich zu trocken, zu sachlich, zu nüchtern. Das mag ja stimmen. Wenn dies aber Ihr Ding ist, wenn Sie z.B. gerne eine Quelle analysieren und

Genealogisches Publizieren

interpretieren, dann braucht es natürlich eine sachlich nüchterne Darlegung.

Sicherlich ist es aber kein Fehler, wenn man bei einer Familienchronik eine Form findet, die bei den Familienmitgliedern Interesse weckt. Eine Freundin schreibt für ihre Enkel im Schulalter und bemüht sich in Form und Ton kindgerecht und möglichst spannend zu schreiben.

Wer Erkenntnisse zu Berufen, Migration, bestimmten Landstrichen oder Einrichtungen weitergeben will, wird überlegen, wie er ein breiteres, über die Familie hinausreichendes Publikum anspricht.

Wie?

Wenn Sie in Sachen Schreiben ein Anfänger sind, beginnen Sie am besten klein, also mit einem besonderen Ereignis oder einer farbigen Episode, die auf höchstens eine Seite passt. Bevor ich nun in die Falle des Banalen tappe, erinnere ich mögliche Lateinschüler unter uns nur noch an die Weisheit des Tacitus, der knapper geschrieben hätte, wenn er mehr Zeit gehabt hätte und der uns damit daran erinnert, dass die kurze Form eine besondere Kunst ist. Das gilt um so mehr, wenn es darum geht, lange Sachverhalte auf den berühmten Punkt zu bringen. Für all das und viele Fertigkeiten mehr gibt es für die ganz Ehrgeizigen unter uns ja übrigens Schreibseminare.

Üblich und am leichtesten zu Stande zu bringen, sind chronologische Darstellungen und Erlebnisberichte. Nicht jedem liegt es, eine mehr literarische Form zu finden, einen schönen Spannungsbogen herzustellen und den Leser mit flüssigem Stil zu fesseln. Wer das kann, hat Vorteile. Trotzdem gelingt den meisten doch viel mehr als sie sich anfangs zutrauten. Ganz wichtig scheint mir der einfache Rat, sich keinem Zwang zu unterwerfen, nichts zu versuchen, was einem nachgewiesenermaßen nicht liegt. Schreiben soll schließlich Freude machen. Dann stellen sich auch ordentliche bis richtig gute Ergebnisse ein. Wer überhaupt nicht zurechtkommt, hat immer noch die Möglichkeit, einen Ghostwriter zu engagieren. Vielleicht findet sich der ja sogar in der Familie oder Verwandtschaft.

Die Formen genealogischer Schreibe sind vielfältig. Vor einer aber möchte ich persönlich warnen. Denn ich halte sie für absolut langweilig, und nicht lesenswert. Ich spreche von einer Darstellung, die Personendaten in der Reihenfolge von Kekule-Ziffern nacheinander systematisch aufzählt. In älteren Jahrgängen genealogischer Zeitschriften überwiegt diese Darstellungsform. Heute bewerkstelligen das aber bereits entsprechende Ergebnisberichte unserer Genealogie-Programme.

Schreiben war nie so einfach und komfortabel wie heute.

Resümee

In dem bisher Gesagten ging es darum, Forscherinnen und Forscher, die bisher nicht veröffentlicht haben, dazu anzuregen, ihren Forscherkollegen und nachfolgenden Forschern Mitteilungen aus ihren Schatzkisten zu machen. Die Form, ob Buch, Aufsatz oder Kurzmitteilung, ist dabei unerheblich. Was zählt ist letztlich immer ein Stück Forschungsergebnis, also Familiengeschichte.

Peter Teuthorn

Publikationsformen

Die Möglichkeiten für eine Veröffentlichung haben sich gegenüber früher durch die digitalen Medien nicht nur vervielfacht. Diese Entwicklung senkt auch die Hürden, mit einem eigenen Text vor ein Publikum zu treten. Das muss nicht immer die große Öffentlichkeit sein. Es kann auch die eigene Familie, ein Familienverband oder ein Verein sein. Zudem spart eine solche Publikation Ausgaben, die bei Druckerzeugnissen doch eine beträchtliche Größenordnung erreichen können.

Unter den digitalen Medien bieten sich vor allem Blog/Netztagebuch und die eigene Website an. Wer seine Forschung weniger individuell anlegen will und von Beginn an auf die Forschergemeinschaft setzt, kommt an den vielfältigen Möglichkeiten des Vereins für Computergenealogie mit seinen Datenbankangeboten und dem eigenen GenWiki nicht vorbei. Zu den digitalen Möglichkeiten gehört auch das Online-Stellen der mit einer Genealogiesoftware erzeugten Essenz der eigenen Datensammlung, die sogenannte GEDCOM-Datei. Es folgen die klassischen Wege von Zeitschriftenaufsatz und Buch. Letzteres bietet in seiner elektronischen Variante, dem eBook, neue variable Möglichkeiten.

Die sogenannten Sozialen Medien (Social Media) können nicht als eigene bzw. geeignete Publikationsform für Forschungsergebnisse angesehen werden. Mit ihrer Hilfe erreichen aber Hinweise auf die eigene Forschung und

Peter Teuthorn

---

entsprechende Veröffentlichungen sehr schnell ein großes Publikum.

Bevor Hinweise zu den einzelnen Formen folgen, möchte ich noch kurz auf Hilfstechniken eingehen, die die Arbeit an einer wie auch immer gearteten Publikation vereinfachen.

Genealogisches Publizieren

Weitere W-Fragen

Wer - Wo - Wann - Was - Wie

Sehr einfache Dinge können eine große Wirkung haben. Das gilt auch für die W-Wörter. Ihre Kombination und Reihenfolge lösen genealogische Fragen.

Unter Genealogen am bekanntesten sind die Folgen WER-WO-WANN und WO-WER-WANN, die zusammen das FoKo*-System ausmachen und deren schöne Ergebnisse Namen-Orte- & Orte-Namen-Listen sind. Manchem Sammler genügen solche Funde, um sich bereits als erfolgreicher Familienforscher zu fühlen.

Besonders schwierig sind die Fragen nach dem WIE und WESHALB. Auf sie gibt es die wenigsten Antworten. Das liegt an der Seltenheit von sogenannten Ego-Dokumenten, zu denen bei unserem Hobby vor allem Briefe und Tagebücher, aber auch alle anderen Belege zählen, die uns Aufschluss darüber geben, WIE es war. Überwiegend müssen wir die Lebensumstände unserer Vorfahren ja aus Indizien zu rekonstruieren versuchen. So erfolgreich die Methode im Einzelnen auch sein mag, so lässt sie die Frage nach der eigentlichen Persönlichkeit doch unbeantwortet.

Ordentliche Familiengeschichtsdarstellungen beginnen eigentlich immer mit dem WO und WANN, bevor es zum WER, WIESO, WESHALB kommt.

Peter Teuthorn

Ein Genealogenfreund bildet aus der Frage WER-WO-WANN-WIE seine Archivsignaturen.

Dass die W-Fragen auch bei einem Projekt wie diesem wichtig sind, braucht eigentlich nicht betont zu werden. Selbstverständlich stehen sie auch Pate für das nächste Kapitel.

---

* FoKo = Forscherkontakte

Ein Konzept entwickeln

Die Mind-Map-Technik

Man kann nicht einfach darauflos schreiben, und wer es zu können meint, sollte es nicht tun. Gute Darstellung braucht ein Konzept. Will ich nüchtern berichten, gekonnt belehren, kritisch überprüfen, spannend erzählen? Wo beginne ich, wo ende ich? Wie ordne ich mein Material in das Konzept ein? Gibt es Forscherlücken, die ich zuvor zu schließen versuchen muss, weil sie meine Thesen und Schlüsse schwächen?

Für diese vorbereitenden Überlegungen nutze ich die Mind-Map-Methode. Damit mache ich eine Art Brainstorming, das aber schnell zu Strukturen führt, und auf dem Wege dahin die nötige Kreativität für das Projekt freisetzt.

Die Urform der Methode ist ein großes Stück Papier, in dessen Mitte die Thematik mit knappen Worten bezeichnet wird. Davon ausgehend bilden sich als Kategorien Hauptäste und von diesen weiterführend kleine Verästelungen und Verzweigungen. Es gibt Softwareprogramme, die diese Methode am Computer möglich machen. Ich nutze die freie Software FreeMind. Die Methode eignet sich zur Entwicklung von Gedanken aller Art, auch für Vorträge und Projekte.

Peter Teuthorn

Für das, was hier bereits geäußert wurde und was noch folgen soll, habe ich folglich meine MindMap. Ich werde sie nun weiter systematisch abarbeiten.

Definition im Wikipedia
http://de.wikipedia.org/wiki/Mind-Map, hier u.a.:
„Eine Mind-Map (englisch: mind map; auch: Gedanken[land]karte, Gedächtnis[land]karte) beschreibt eine von Tony Buzan geprägte kognitive Technik, die man z. B. zum Erschließen und visuellen Darstellen eines Themengebietes, zum Planen oder für Mitschriften nutzen kann. Hierbei soll das Prinzip der Assoziation helfen, Gedanken frei zu entfalten und die Fähigkeiten des Gehirns zu nutzen. Die Mind-Map wird nach bestimmten Regeln erstellt und gelesen. Den Prozess bzw. das Themengebiet bzw. die Technik bezeichnet man als Mind-Mapping."

Ein Überblick über Programme
http://www.deutsche-startups.de/2012/02/24/die-10-besten-programme-um-mind-maps-zu-erstellen/

FreeMind
http://freemind.sourceforge.net/wiki/images/c/c8/FreeMind-computer-knowledge-080.png

---

Es folgt ein Beispiel (nächste Seite).

Beispiel für ein Konzept (Ausschnitt)

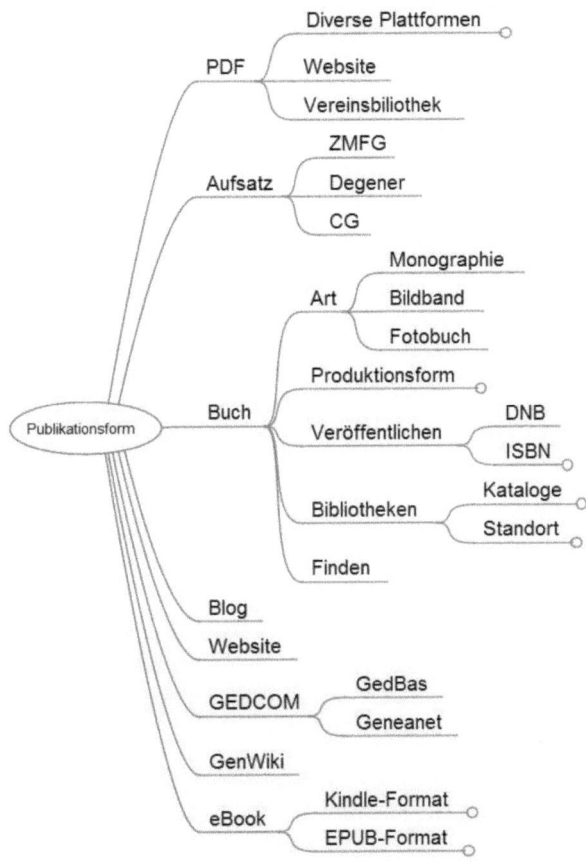

Peter Teuthorn

[A] Das Blog oder Netztagebuch

Ich beginne meine Wanderung durch die Publikationsformen mit dem Blog*. Denn es ist die einfachste.

Die Handhabung ist schnell erlernt. Die Beiträge können, sollten sogar, kurz sein. Eine vorgedachte Struktur, sozusagen ein Bauplan, ist für das Blog nicht vonnöten. Nach ein paar Anpassungen des Erscheinungsbildes an den persönlichen Geschmack kann man sofort loslegen. Beiträge, auch unterschiedlicher Thematik, werden in chronologischer Folge geschrieben und gepostet (so wird der Akt des Veröffentlichens im Netz genannt). Den Beiträgen oder Postings/Posts werden Kategorien zugewiesen, die über Schlagworte verfeinert werden können. So entsteht eine gewisse Ordnung. Frühere Beiträge können später über diese Kategorien und Schlagworte (engl. Tags) wieder gefunden werden. Ein weiteres natürliches Ordnungskriterium ist das Monatsarchiv. Falls nach dem Veröffentlichen Fehler bemerkt werden, können sie unkompliziert und schnell korrigiert werden. Ändert sich die eigene Sicht auf einen Beitrag, zu dem man nicht mehr steht, kann er mühelos entfernt werden. Damit soll keinem leichtfertigen Hin- und Her das Wort geredet werden, sondern die Möglichkeit, Fehlmeinungen zu korrigieren, erwähnt werden. Zuverlässigkeit ist ein wichtiges Qualitätskriterium. Dazu gehören Perma-Links.

Am einfachsten beginnt man mit einem freien Account bei blogger.com, dem Blogdienst von Google, oder gleich bei

Peter Teuthorn

WordPress. Hat man „Blut geleckt" und will ein bisschen mehr Komfort, variablere Möglichkeiten und Unabhängigkeit, kann man Wordpress dann mit einem eigenen Account bei seinem Provider hosten lassen.

Mit dem Blog gelingt es, nach und nach kleine Episoden der Familiengeschichte zu bringen oder über Ergebnisse und Episoden von Forschungsreisen zu berichten. Das macht z.B. Bloggerkollegin Irmi Gegner-Sünkler mit ihrem Genealogie-Tagebuch recht konsequent.

http://www.genealogie-tagebuch.de/?p=2185

Während Genealogie-Blogger in den USA bereits eine fast unüberschaubare Masse bilden, ist deren Zahl in Deutschland noch an Händen abzuzählen. Timo Kracke sammelt deren Adressen auf seiner Website. Siehe

http://www.kracke.org/blog/deutsche-genealogie-blogs/#.U_fPGKONOSo

---

* Blog = we<u>b</u> <u>log</u> (log = u.a. Protokoll)

Genealogisches Publizieren

Übrigens, mein Blog heißt

Da ich mein Blog als Teil meiner Hauptpräsenz, TeuNet, gestartet habe, heißt es dort: Die Aufgabe des Feuilletons ist

Peter Teuthorn

---

es, auf Umfangreicheres zum jeweiligen Thema hinzuführen. Diese Idee ist mir wichtig. Sie wird auch bestehen bleiben, falls künftig Blog und Website Familiengeschichtsforschung enger zusammenrücken sollten.

Manches Ding bekommt jedoch unversehens eine eigene Dynamik. So nutze ich mein Blog inzwischen immer häufiger zu Fragen der Netzkommunikation und der digitalen Medien.

Das herausgesuchte Beispiel befasst sich aber mit meiner Familienforschung: http://teuthorn.net/feuilleton/?p=3218.

[B] Blog und Website - Ein Paar

Blog oder Website? Was ist wichtiger? Gibt es ein Nebeneinander? Oder Miteinander?

Hierzu kann es keine einzige unumstößliche Meinung geben. Wieder muss jeder für sich seinen eigenen Weg finden. Mein Weg sah Mitte 2012 so aus, wie ich ihn in der Zeitschrift Computergenealogie 2/2012, S. 8-9, mit dem Artikel *„Publizieren in den Zeiten des Internets"* beschrieben habe.

Bis auf den erwähnten Tatbestand, dass ich mich im Blog zuletzt vermehrt zu allgemeinen Fragen der Genealogie und der damit verbundenen Kommunikation äußere, beschreibt der Text nach wie vor mein Kommunikationskonzept. Deshalb wiederhole ich an dieser Stelle eine meiner Aussagen.

Zitat.
„Sachliche Website - feuilletonistisches Blog
Eine solche Website hat weitere Vorteile. Erstens ermöglicht sie immer dann, wenn sich der Wissensstand wesentlich verbessert hat, unkompliziert neue "Auflagen", mit denen nebenbei auch inzwischen erkannte Fehler ausgemerzt werden können, zweitens ermuntert sie auch den sprachlich weniger Gewandten zu kleineren Abhandlungen. Zuletzt kommt noch ein weiterer Aspekt hinzu, der sich auch bei wissenschaftlichem Publizieren mehr und mehr durchsetzt. Parallel zu einem herkömmlich publizierten Aufsatz können

auf der Website Zusatzinformationen bereitgestellt werden. Dies können Abbildungen, graphische Tafeln, Personenlisten oder ergänzende Artikel sein, die von Anfang an nur auf der Website, nicht jedoch im Printartikel erscheinen.

Damit eröffnet sich für den Familienforscher über die klassische Publikation hinaus, verbunden mit den beschriebenen Formen der Web-Veröffentlichung, ein Kommunikationssystem, das ideal durch das Netztagebuch, das Blog, ergänzt wird. Diese Form der Äußerung im Netz setzt sich auch bei deutschen Forschern mehr und mehr durch.

Während die Texte einer Website - formal vielleicht sogar mit Quellenbeleg und Fußnotenapparat der herkömmlichen Publikation folgend - natürlich auch nüchtern und trocken wirken können, ist es der Vorteil des Blogs, dass Äußerungen zur Familienforschung spontan, schnell, locker und ansprechend formuliert werden können. Sie werden damit auch für ein nicht ausschließlich genealogisch interessiertes Publikum lesbar. Ein guter Blogeintrag sollte immer kurz sein.

In dem Maße wie Blogsoftware zu vollwertigen CMS-Systemen ausgebaut wird, verschmilzt mancher Familienforscher inzwischen bereits Website und Blog zu einer Einheit. Ich bevorzuge jedoch weiterhin konsequent die Trennung, da sich beide Systeme, wie geschildert, in ihrer Qualität unterscheiden.

Ich traue mich einmal, die Blog-Software für den Anfänger als eine Art vorgefertigte Hülle zu beschreiben, die der Autor mit Inhalt befüllen muss. Dabei kann das Äußere dieser Hülle (Design und Anordnung) innerhalb gewisser Grenzen dem persönlichen Geschmack leicht angepasst werden. Texteinträge gelangen in ein chronologisches Archiv, können mittels sogenannter Tags verschlagwortet und auf diese Weise sowie mittels zusätzlicher Suchfunktion wiedergefunden werden. Neben dieser dynamischen Darstellung sind auch Festseiten möglich aber meist weniger variantenreich als bei reinen Websites."

Wie gerade deutlich geworden ist, wachsen trotz meines eigenen Sträubens hier offensichtlich zwei zunächst unterschiedlich angelegte Formen der Äußerung im Netz zusammen. Das ist durchaus auch technisch bedingt. Denn man kann auch in Wordpress, wie bei einer klassischen Website, feste Seiten anlegen. Trotzdem bleibt mir die Unterscheidung wichtig.

Der wesentliche Unterschied für den Familienforscher in mir ist aber nicht die Technik, sondern die Form der Äußerungen. Unser Thema ist ja die Veröffentlichung genealogischer Ergebnisse. Und da sehe ich schon, dass in einem Blog, bei aller Ernsthaftigkeit in der Forschung, doch immer auch ein wenig geplaudert wird. Deshalb kann PUBLIZIEREN doch wohl nur auf einer Website stattfinden.

Peter Teuthorn

Genealogisches Publizieren

[C] Die Website - der eigene Platz im Netz

Die genealogische Website ist für die Mehrheit der engagierten Familienforscher inzwischen fast eine Selbstverständlichkeit. Was wäre dazu eigentlich noch zu sagen, was nicht schon gesagt wurde? Könnte es sein, dass das Wort selbst bereits so in den deutschen Wortschatz eingegangen ist, dass bei manchem, der nicht über die Wortherkunft nachdenkt, die 'site' im 'web', also das Gelände, der Standort, der Platz im Netz, sich direkt zu seiner Netzseite umgeformt hat? *

Seit den Anfängen hat sich auch technisch viel getan. Der genealogische Heimwerker muss nicht mehr über HTML-Kenntnisse verfügen. Baukastensysteme wie z.B. das des Anbieters Jimdo.com machen es auch für den IT-Laien leicht, seinen Platz im Netz einzurichten. Ich habe vor einiger Zeit darüber in der Zeitschrift ComputerGenealogie berichtet. **

Selbst betagtere Kollegen stellen inzwischen ihre Forschungsergebnisse auf ihrer Website aus. Und wenn sie dabei Hilfe beansprucht haben, dann haben sie es richtiggemacht. Ich stelle mir gerne vor, wie Opa und Enkel zusammen am neuen Webauftritt basteln und bei der gemeinsamen Arbeit jeweils Neugier für Hobby und Können des anderen entwickeln. Dann bastelt vielleicht der Enkel seinen ersten Stammbaum, und der Opa mischt bei Facebook mit. Das ist doch eine schöne Vision, und möglicherweise wurde sie hier und da durchaus schon so gelebt.

Wie immer aber ist natürlich nicht die Technik alles. Das Wichtigste sind Bauplan und Vorstellungen des Bauherrn. Und die hat dieser natürlich mittels der W-Fragen verbunden mit MindMap-Technik (siehe weiter vorne) entwickelt. Als ich vor vielen Jahren in diesem Sinne Bauherr war, standen die Ebenen Namen und Orte von vornherein fest. So machen es heute noch sinnvollerweise die meisten Forscher. Die dickste zu knackende Nuss war die Frage, wie die jeweils wichtige zeitgenössische Geschichte mit den in den Familien der Zeit sich ereignenden Mikroereignissen zusammengebracht werden könne. Denn nur so wird Familiengeschichte ja anfassbar. Ich habe das Problem im Laufe der Zeit mit einigen Kollegen diskutiert. Wir haben keine gemeinsame Lösung gefunden. Jeder hat es aber auf seine Weise gelöst. Das Thema bleibt spannend. Vielleicht gäbe es mehr kreative Ansätze, wenn genealogische und heimatgeschichtliche Vereine, einen Weg zu stärkerer Gemeinsamkeit finden würden. - Meine Lösungen finden Sie auf jeden Fall hier:

http://www.teu-net.de/genealogie/index.html

Wozu nun aber die Website?

Diese jeweils persönliche virtuelle Plattform im Netz, im World Wide Web, ist ein Publikationsort für die Ergebnisse unserer Forschungen. Die einzige, allerdings nicht klein zu redende Einschränkung gegenüber den Publikationswegen

Genealogisches Publizieren

Aufsatz und Buch besteht in der Tatsache, dass unsere Webauftritte im Allgemeinen mit unserem Tod zu bestehen aufhören.

Es ist eine große, bisher nicht gelöste Aufgabe unserer regionalen Vereine, vor allem jedoch des größten deutschen Vereins, des CompGen, Angebote zu entwickeln, wie das auf Websites gesammelte genealogische Wissen erhalten werden kann. Ich erwarte hierzu realistischer Weise in den nächsten Jahren keine Lösung durch den Verein. Denn CompGen sieht seine Aufgabe bisher nicht darin, sich zu solchen Fragen dem Einzelforscher zuzuwenden, sondern darin, mit den Mitmach-Energien der Vereinsmitglieder Großprojekte zu organisieren. Der beschriebene Mangel ist im Grunde einfach erklärbar. Der von mir so bezeichnete Superindividualist Familienforscher will sein Wissen mit seiner Handschrift auf einer eigenen Website ausschreiben. Der Verein für ComputerGenealogie will solches Wissen in einem gemeinsamen Wiki, dem GenWiki, zusammentragen. Jeder Forscherkollege, der seinen individuellen Weg geht, fehlt aber dem Gemeinschaftswerk. Insofern ist das Desinteresse an den Bedürfnissen der einzelnen Forscher

durchaus Programm. Es fehlt in der deutschen Genealogieszene derzeit ein nichtkommerzielles Angebot, das solche Bedürfnisse abdeckt.

Allerdings verändert sich das Feld digitaler Publikation und deren Bewahrung mit großer Geschwindigkeit. Inzwischen sammelt die Deutsche Nationalbibliothek (DNB), Leipzig und Frankfurt a.M., unter der Kategorie Netzpublikationen auf Antrag auch private Websites zur Langzeitarchivierung. Mit dem regelmäßigen Abgreifen (Harvesting) der sich verändernden Inhalte ist ein externes Unternehmen beauftragt. Dem Einreicher entstehen keine Kosten.

Nach diesem Ausflug zur Dauerhaftigkeit des solcherweise gesammelten Wissens nun aber noch ein Blick zurück auf die Forscherwebsites. Damit solche Websites als seriös angesehen werden können, müssen sie ernsthaft darauf achten, einmal gemachte Aussagen / Veröffentlichungen an ihrem Ursprungsplatz zu belassen. Das sind dann sogenannte *Permalinks*. Wenn wichtige Aussagen bzw. Veröffentlichungen beim nächsten Besuch der Website schon nicht mehr aufgefunden werden, verlieren solche Webplätze an Glaubwürdigkeit und Seriosität. Der Mangel an Verständnis für Perma-Links kann deshalb die Akzeptanz individueller Websites beschädigen.

Neben der gerade behandelten Sehnsucht nach ewiger Ordnung hat die eigene Website noch eine weitere, nicht minder wichtige Funktion. Es ist die der Kommunikation. Der Familienforscher sehnt sich ja nach nichts mehr, als nach dem Kontakt mit seinem Mitforscher. Natürlich ist das derjenige, mit dem möglicherweise Ahnengemeinschaft besteht. Darüber möchte er sich mit der Kollegin oder dem Kollegen austauschen, wenn schon nicht sprechen so doch ausführlich und ernsthaft korrespondieren. All das ist per heute angesagter GEDCOM-Euphorie nicht möglich. Per Website schon eher! Ich habe das mehrmals erfahren.

Genealogisches Publizieren

Kürzlich erhielt ich eine eMail von einem mir unbekannten dänischen Forscherkollegen. Er fragte mich in etwas gebrochenem, aber gut verständlichen Deutsch, warum denn der Kieler Chirurg Nicolaus Nagel um 1800 so kurz nach dem Tod seiner ersten Frau die Charlotta Flöke geheiratet habe, ob ich ihm dazu etwas sagen könne. Ich antwortete ihm, dass es in einem Handwerkerhaushalt in der ersten Hälfte des 19. Jahrhunderts nicht nur üblich, sondern absolut notwendig gewesen sei, nach dem Tode der Meistersfrau so schnell wie möglich wieder zu heiraten. Nicht nur die nachgelassenen Kinder, sondern auch Gesellen und Lehrlinge brauchten die Meisterin, die im Sinne des 'ganzen Hauses' *** für das Aufrechterhalten des Haushalts samt Betrieb Verantwortung trug. Lassen wir die Details. Der dänische Kollege hatte in einem Artikel, den ich zehn Jahre zuvor auf meiner Website publiziert hatte, eine Verwandte entdeckt, und ich kam endlich den dänischen Ursprüngen meiner Vorfahrin auf die Spur. Nahezu zur selben Zeit schrieb mir eine Norwegerin, die ihre Freude über ihre bei mir gefundenen Holsteiner Vorfahren eben dieser Familie Nagel, ausdrückte. Sie war eine Nachfahrin eines nach Oslo ausgewanderten Familienmitgliedes. Die neu gefundenen Verbindungen waren Anlass, ein neues Buchprojekt zu starten.

Ja, solche Informationen mit nachfolgenden Kontakten kann keine in eine Online-Datenbank eingestellte GEDCOM transportieren! Dass das Zufall war, ist nicht ganz abzustreiten. Allerdings häufen sich diese Zufälle. Und warum ist das so? Ganz einfach, meine Website ist Teil

Peter Teuthorn

---

meiner Kommunikationsstrategie, mit Forschern in Kontakt zu kommen.

———

* Die Sprachentwicklung findet jetzt zunehmend Akzeptanz. Während Wikipedia noch keine Webseite kennt, hat Jimdo den Begriff bereits übernommen.

** ComputerGenealogie 2/2012, S. 12-13: Eine Website bauen? Nichts leichter als das.

*** Von Otto Brunner geprägter Begriff. Das Haus ist zugleich Wirtschafts-, Sozial-, Rechts- und Herrschaftsverband, „Nahrungsstelle" (Hof, Meisterstelle etc.) und soziale Grundeinheit der vormodernen Gesellschaft.

Genealogisches Publizieren

[D] Das GenWiki

Die bisherigen Überlegungen gingen von dem Familienforscher aus, der als Autor eine Plattform für seine Familiengeschichte sucht und findet. Auch davon, wie ein eventuell noch wenig schreibgewandter Familienforscher dazu gebracht werden kann, sich zu genealogischen Themen zu äußern.

Es gibt ein Medium, das hier nicht vergessen werden darf. Das GenWiki des Vereins für Computergenealogie ist ein Ort, an dem Familienforscher gemeinsam an einem Artikel arbeiten. Hier tritt die individuelle Leistung hinter die Gemeinschaftsleistung zurück. Natürlich muss man die Form einer solchen gemeinsamen Arbeit mögen. Man darf auch nicht verärgert sein, wenn eine nach eigener Überzeugung richtige Aussage von anderen vermeintlich verbessert, aus der Sicht des Erstverfassers aber verschlimmbessert wird. Auch ist das Schreiben im Wiki gewöhnungsbedürftig. Allerdings ist dies in der Praxis sehr viel einfacher als häufig gedacht oder gar kolportiert. Lassen Sie sich doch einfach einmal darauf ein! Sie können auch sicher sein, verständnisvolle Hilfe zu bekommen.

Peter Teuthorn

[E] Der Aufsatz

Zur Form eines Aufsatzes wird jeder Autor eigene Vorstellungen haben. Ich bevorzuge eine Textform mit den zum Verständnis unbedingt nötigen Personendaten, aber nicht zu vielen genealogischen Details. Diese füge ich stattdessen gerne in Listenform als Anhang bei, wobei ich die nötigen Daten möglichst direkt aus meinem Genealogieprogramm erzeuge. Kleine Nachbearbeitungen können natürlich nötig werden.

Der Forscher sollte keine Scheu haben, sich mit einem Manuskript an die Schriftleitung seiner Vereinszeitschrift zu wenden. Die Erfahrung zeigt nämlich, dass häufig Texte gesucht, aber nicht öffentlich eingeworben werden. Natürlich muss das Thema einen regionalen Bezug haben und in die Vereinsphilosophie passen. Eine Vereinszugehörigkeit ist nicht immer zwingend. Darüber hinaus kann auch ein Kontakt zu den Schriftleitungen der im Degener-Verlag erscheinenden Zeitschriften sinnvoll sein.

Natürlich darf in der ehrenamtlichen Landschaft unserer Vereine kein Honorar erwartet werden. Die Möglichkeit, einen Text zur eigenen Familiengeschichte veröffentlichen zu dürfen, kann Lohn genug sein. Es ist ja auch ein Vorteil, dass viele dieser genealogischen Zeitschriften über öffentliche Bibliotheken zugänglich sind.

Im Allgemeinen werden zwischen Autor und Schriftleitung keine Verträge abgeschlossen. Zur Frage der weiteren

Peter Teuthorn

Verwertung eines so veröffentlichten eigenen Aufsatzes gibt es demnach keine Einschränkungen. Eine faire Regelung für die gegenseitigen Interessen vereinbart die Schriftleitung der Computergenealogie mit ihren Autoren. Mit diesen wird die *„Übertragung [ihrer] nicht exklusiven Autorenrechte für diesen und etwa folgende Beiträge in zukünftigen Heften der CG"* vereinbart. *„'Nicht exklusiv' bedeutet, dass Sie selbstverständlich später diesen oder einen ähnlichen anderen Artikel auch woanders veröffentlichen können, Sie uns aber Ihre Autorenrechte für dieses Heft und für eventuelle Nachdrucke, Nach- Neuauflagen oder spätere online-Ausgaben des Heftes, z.B. zum Download als PDF oder auf unserer Homepage übertragen."*

Eine andere Frage ist, wie eine Schriftleitung zu einem Text steht, der zuvor bereits auf einer Website publiziert wurde. Vor dem Hintergrund der Usancen in den historischen Wissenschaften hatte ich im Februar 2010 in meinem Blog laut darüber nachgedacht:

Internetpublikation versus Zeitschriftenaufsatz - Man verfasst einen Artikel und stellt ihn auf seine Website. Ist er damit für eine spätere Veröffentlichung in einer Genealogischen Zeitschrift verloren?

[F] Das Buch

Welche Art Buch?

Wenn es im Folgenden um das Buch geht, dann ist damit natürlich jeweils ein umfangreicher Text gemeint.

Selbstverständlich können auch Bildbände mit erklärenden Textpassagen genealogische Themen abhandeln. Darunter fallen auch die Fotobücher. Obwohl ich sie hier ausklammere, wäre gerade das Bewahren und Erklären älterer Familienfotos in ihrem familiengeschichtlichen Zusammenhang ein lohnendes Buchthema. Ebenso natürlich Poesiealben und Stammbücher. Solche Bücher verdienten eine besondere Betrachtung. Um sie herzustellen bedarf es solcher Techniken, die den bei dieser Gattung auftretenden Schwierigkeiten gerecht werden. Dazu zähle ich vor allem eine auch für den Laien handhabbare Maßhaltigkeit und Verankerung der Scans, den hohen Speicherbedarf und die notwendige Qualität, die einen deutlichen Preis hat. Wer sich keine Desktop-Publishing-Software leisten kann und will, muss hier wohl oder übel auf die durch und für die Fotoindustrie entwickelten Buchtechniken zurückgreifen. Die erreichbaren Qualitäten sind recht bemerkenswert. Das gilt allerdings auch für die Preise.

Nach diesem Exkurs zur Besinnung, wohin sich unser Thema entwickelt, fokussiere ich wieder auf das Publizieren genealogischer Texte.

Peter Teuthorn

Formatfragen

Vom Manuskript zur fertigen Druckvorlage

Auf dem Weg vom Manuskript bis zum Druck eines Buches ist es neben dem kreativen Schreibprozess die wichtigste Aufgabe, eine druckfertige PDF-Datei* zu erzeugen.

Der optimale Prozess sieht so aus, dass mit dem jeweiligen Schreibprogramm ein möglichst wenig formatierter Text entsteht. Es reichen eine Schriftart und Schriftgröße und Absatz- und Zeilenmarken. Der so entstandene Fließtext wird erst dann formatiert, wenn er weitgehend abgeschlossen ist. Die Formatierung darf nicht zeichen- und wortweise händisch (hart) sondern nur per Formatvorlagen erfolgen. Aus den Überschriften wird ein Inhaltsverzeichnis erzeugt. Zuletzt wird alles nach PDF konvertiert. Das ist die Theorie. Ich bin nicht in der Lage, sie einzuhalten und muss dann jedes Mal anschließend dafür büßen.

Es ist so: Ich habe einfach keine Lust, tage- und wochenlang an einem Text zu arbeiten, dessen Struktur nur in meiner Vorstellung besteht. Obwohl ich weiß, dass das oben beschriebene Vorgehen der richtige Weg wäre, macht mir eine solche Arbeitsweise einfach keinen Spaß. Sie hindert auch meine Kreativität. Deshalb formatiere ich doch schon im frühen Stadium. Ich muss das Entstehen einer Arbeit auch schon in der imaginierten Form konkret vor mir sehen.

Was man jedoch auf jeden Fall lassen sollte, ist das frühe Einfügen von Bildern. Spätestens mit diesem Hinweis oute ich mich als jemand, der mit einem normalen Textprogramm arbeitet. Es ist einfach nicht für ein komplexes Layout geschaffen. Wer ein Desktop-Publishing-Programm benutzt, kennt solche Probleme nicht.

Es soll noch etwas zum Größenformat gesagt werden. Nach meiner Beobachtung entscheiden sich die meisten für DIN A4 (210 x 297 mm). Sie fühlen sich darin sicher, weil es für die Tagesarbeit auf dem Computer so voreingestellt ist. Des Weiteren ist der Drucker zu Hause auf dieses Format ausgelegt. Die Formatgröße ist aber im Menü Seitenformat leicht auf eine andere Größe umzustellen. Deshalb ist dies kein Entscheidungsgrund. Wichtiger ist ein Argument, dem nicht leicht zu widersprechen ist. Listen, Tabellen und graphische Stammtafeln sind in dieser Größe günstiger. Auf der anderen Seite ist dieses Format nicht nur für das Bücherregal doch nun einmal sehr sperrig. Die Entscheidung muss jeder für sich treffen.

Ich bevorzuge das Format DIN B5. Mit seinen 178 x 250 mm ist es ausgesprochen handlich. Und mit etwas Überlegung lässt sich das angesprochene Problem mit den Listen bei diesem Format noch vernünftig lösen. Ich gestehe jetzt einen Fehler, der mir als Anfänger passiert ist. Er sollte unbedingt vermieden werden. Ich meine die Verkleinerung eines DIN A4-Dokuments auf ein kleineres Format beim Druck. Bei einem solchen Vorgehen ist die dann entstehende Schriftgröße nicht mehr gut zu beurteilen. Stellen Sie bereits zu Beginn Ihrer Arbeit als Seitenformat DIN B5 ein, und erzeugen Sie so eine Druckvorlage nach Ihren ästhetischen

Vorstellungen. Die heutigen großen Bildschirme erlauben übrigens eine gute Kontrolle des beabsichtigten späteren Druckbildes.

Nicht zuletzt aus Kostengründen wird man in der Regel auf das Einfügen von Farbscans verzichten. Fotos müssen in Grautönen formatiert und dürfen nicht transparent sein. Auch sollte man auf eine gute Auswahl nicht zu dunkler Bilder achten. Die Erfahrung zeigt, dass Fotos auch bei guter Druckqualität leicht zu dunkel geraten.

Eine wahre Crux ist das Korrekturlesen. Da man selbst wegen der intensiven Beschäftigung mit dem Text Fehler ganz schwer erkennt, muss eine neutrale Person den Text auf Fehler prüfen. Man kann nicht genug Leute gegenlesen lassen. Immer wieder schlüpfen doch Fehler durch. Ich habe mir deshalb vorgenommen, bei einem nächsten Buch dazu professionelle Hilfe in Anspruch zu nehmen.

---

*) Portable Document Format (deutsch: (trans)portables Dokumentenformat)

Genealogisches Publizieren

Ein Buch produzieren

Endlich ist eine durchgeprüfte PDF-Datei vorhanden. Was nun? Unser Familienforscher hat nicht erwartet, einen Verlag zu finden. Das war auch nie seine Absicht. Er nimmt die Weggabelung zum Self-Publishing. Das ist etwas mehr als der gute alte Selbstverlag. Denn neben der Möglichkeit des Druckens auf eigene Kosten kann er das Geschäftsmodell Book-on-Demand wählen. Besonders bei der letzten Option muss er entscheiden, ob das Buch eine ISBN erhalten soll. Diese Internationale Standard-Buchnummer würde nicht nur Internationalen Vertrieb erleichtern, sondern vor allem sicherstellen, dass das Werk über den Buchhandel überall aufgefunden werden kann. Wem das wichtig ist, der kommt nicht darum herum, diese magische Nummer zu erwerben.

Copyshop - Druckerei - Buchbinderei

Bei einer überschaubaren Anzahl von Exemplaren wird man sich Angebote von Druckereien einholen. Tipps dazu erhält der Autor nach meiner Erfahrung in großer Zahl und bunter Vielfalt von Forscherkollegen. Darunter waren kleine Druckbetriebe der Nachbarschaft, Copyshops, die einwandfreien Digitaldruck anbieten, Behindertenwerkstätten, Buchbinderwerkstätten u.v.m. Immer wird es darum gehen, den Spagat zwischen guter Qualität und günstigem Preis zu schaffen.

Peter Teuthorn

Bei dieser Herstellungsart muss der Autor eine Entscheidung zur Auflagenhöhe treffen. Sofern es um mehr als Geschenke im Familienkreis geht, trägt er natürlich das vollständige geschäftliche Risiko. In den Verhandlungen mit der Druckerei/Buchbinderei muss auch die Möglichkeit von Nachbestellungen behandelt werden. Eine von viele Autoren weitergegebene Erfahrung besagt, dass die geordete Auflage wegen unerwarteter Zusatznachfrage fast immer zu gering war. Ich selbst kann mich dieser Erfahrung nur anschließen. Zur Auswahl des Auftragnehmers möchte ich noch ergänzen, dass die Druckqualitäten allgemein auf hohem Niveau liegen und es vor allem darauf ankommt, eine gute Buchbinderarbeit zu bekommen.

Die gerade gemachte Aussage beruht auf eigener Erfahrung. Nachdem mir das bei einem Book-on-Demand-Händler probehalber bestellte Exemplar meines ersten Buches aufgebrochen, also buchstäblich aus dem Leim gegangen war, befasste ich mich ausführlicher mit der Kaltleimtechnik. Denn ich hatte ja nicht vor, mich mit meinem Erstling, den ich in der Familie verschenken wollte, zu blamieren. In der Folge bestellte ich meine Familienauflage bei einem Handwerksbetrieb mit Buchbinderexpertise. Wer sich für die Kaltleimtechnik interessiert, sollte in das erste Drittel des unten folgenden Videos hineinschauen. https://www.youtube.com/watch?v=DRrJo4DHZ3Q - Das Leimen wird ab der Stelle 1:56 gezeigt.

Genealogisches Publizieren

Book-on-Demand

Für den Hobby-Autor namens Familienforscher ist das Modell des Book-on-Demand wie geschaffen. Die Vorteile liegen auf der Hand. Alle Prozessschritte, vom Hochladen der druckfertigen PDF-Datei* über die Qualitäts- und Ausstattungsmerkmale bis zur endgültigen Bestellung sind vom Heimcomputer aus steuerbar. Da die Bücher je Bestellung aus der dem Anbieter übergebenen und dort verbleibenden Datei gedruckt werden, gibt es keinen Lagerbestand und kein eigenes Geschäftsrisiko. Die online organisierte Mengen-Preis-Kalkulation sorgt immer für sofortige Transparenz. Ein Angebot anzufordern, ist also nicht nötig. Natürlich gelten auch hier gängige kaufmännische Prinzipien. Als Einzelexemplar kostet ein Buch mehr als eines aus einer Ordermenge von 50 oder 100 Exemplaren. Bei der Einzelbestellung schlägt das Porto stark zu Buche, während es sich bei einer Großbestellung auf die Menge verteilt.

Bei allen Anbietern kann man drucken lassen oder veröffentlichen. Letzteres seit kurzem ausschließlich mit ISBN.

Die größten deutschen Anbieter sind aus meiner Sicht BoD (Books on Demand, Firmenname), neobooks und epubli. Auch auf Lulu.com aus den USA lohnt ein Blick.

Lulu.com bietet auch für private Kleinstmengen alle Vorteile seines Online-Schaufensters. Ich habe dort z.B. meine *'Erinnerungen an Großmutter Erica'* eingestellt. Es ist eine

Peter Teuthorn

Buchbeschreibung und Buchvorschau möglich, der Autor kann sich selbst vorstellen (Spotlight) und die Buchdatei bleibt nach meiner Erfahrung lange Zeit (unbegrenzt?) gespeichert, ist also jederzeit verfügbar. Diesen unbestreitbaren Vorteilen stehen zwei zu bedenkende Nachteile entgegen. Das sind die gewöhnungsbedürftigen Formate und eine lange Versandzeit mit hohen Portokosten, da der Versand aus den USA erfolgt. Für Transatlantiker mit Familien auf beiden Kontinenten ist *Lulu* aber eine feine Option.

Das deutsche *epubli* bietet weniger Online-Komfort. Wie bei Lulu richtet man einen kostenlosen Account ein. Darin bleibt das nicht veröffentlichte Nur-Druck-Buch für die Öffentlichkeit unter Verschluss. Nach Anmelden durch den Account-Inhaber können dessen dort gespeicherte Buchprojekte bearbeitet und/oder gedruckt werden, oder es kann mit ISBN veröffentlicht werden.

Ganz vorne spielt m.E. derzeit BoD. Wenn man sich einmal mit dem Workflow von der hochzuladenden PDF-Datei, über Covergestaltung, Formulierung der Metadaten, Kurzbeschreibung und Autorenprofil vertraut gemacht hat, ist das System ausgesprochen effizient. Insbesondere die Verteilung in die vielgliedrige deutsche Buchhandelslandschaft bis hin zu Amazon ist überzeugend.

Tipp: Eine gute Möglichkeit, handwerkliches Buchdrucken und Print-on-Demand zu verbinden, besteht darin, eine Anfangsmenge im Laden Ihres Vertrauens bzw. in Ihrer

Nähe zu ordern und Zusatzexemplare über Book-on-Demand unbeschränkt nachordern zu können.

Trend: Print und eBook rücken im Angebot der Self-Publishing-Verlage zusammen. Meist wird jetzt ein gleichzeitiges Veröffentlichen in beiden Formaten angeboten. Allerdings folgt die Formatierung von eBooks trotz verbesserter eigener Verlagseditoren natürlich weiterhin eigenen Regeln.

---

* Siehe Kapitel 'Vom Manuskript zur fertigen Druckvorlage'

ISBN

Die ISBN (Internationale Standard-Buchnummer/ International Standard Book Number) macht jedes Buch unverwechselbar und global wieder auffindbar. Bevor man sich entscheidet, sie für sein Buch zu erwerben, bedarf es einiger Überlegungen: Ist das Buch tatsächlich für die Öffentlichkeit bestimmt und für einen Personenkreis geeignet, der über die engere Familie hinausgeht? Bei dieser Frage geht es nicht um das Interesse einer möglichen Leserschaft, sondern darum, ob die Schutzrechte anderer, vor allem Lebender berührt werden. Ich empfehle dies über die reinen Rechtsfragen hinaus zu bedenken. Die Frage lautet also, könnte eine Veröffentlichung das Empfinden von Mitgliedern nicht nur der Kern- sondern auch der Großfamilie so berühren, dass Verstimmungen die Folge sind, die das Verhältnis im Familienverband belasten, also z.B. den Informationsfluss stören.

Peter Teuthorn

Die ISBN kann nur *einem* bestimmten Buch zugewiesen werden. Schon eine Neuauflage erfordert eine neue ISBN. Das gilt auch für einen Wechsel vom Hardcover zum Taschenbuch. Deshalb muss noch einmal akribisch geprüft werden, ob der Text als Endfassung angesehen werden kann und ob sorgfältig Korrektur gelesen wurde.

Man kann eine ISBN selbst erwerben oder das dafür notwendige Procedere einem Verlag überlassen. Print-on-Demand-Verlage verlangen derzeit für diese Leistung etwa 15 €. Auch eBooks fallen unter die ISBN-Regelung. (Bei Tolino-Media ist die ISBN übrigens derzeit kostenlos). Das Pendant für Zeitschriften ist die ISSN (International Standard Serial Number). Seit Ende 2013 können auch wissenschaftliche Blogs und Blogs von allgemeinem Interesse eine ISSN erhalten.

(Quelle: http://d-nb.info/1045255017/34)

Für Informationen geht man am besten an die Quelle: <http://www.german-isbn.de> und sucht dort die am häufigsten gestellten Fragen, die FAQs auf. Die dort gegebenen Antworten sind erschöpfend. Deshalb sehr zu empfehlen.

Suchen & Finden

Was gefunden werden soll, muss zuvor bekannt gemacht worden sein. Damit die Deutsche Nationalbibliothek (DNB) ihren Auftrag, alle deutschen und im Ausland erscheinenden deutschsprachigen Werke zu sammeln, dauerhaft zu archivieren, bibliografisch zu verzeichnen sowie der

Genealogisches Publizieren

Öffentlichkeit zur Verfügung zu stellen, erfüllen kann, gibt es die PFLICHTEXEMPLAR-Regelung. Danach hat jeder Autor eines Buches (auch eBooks) die Pflicht, unabhängig von der Entscheidung für oder gegen eine ISBN dort zwei Exemplare abzuliefern*. Ein weiteres Exemplar - in Bayern und Baden-Württemberg je zwei - gehen an die Landesbibliothek. Wird das Buch mit ISBN verlegt, sind diese Pflichtexemplare eine Woche nach Inanspruchnahme der ISBN fällig. Empfehlenswerter Link zur DNB sind deren FAQs / Häufig gestellte Fragen:

http://www.dnb.de/DE/Header/Hilfe/erwerbungFaq.html

Links unten auf der Website ein Suchfeld. Testergebnis = 14 publizierende Familienangehörige.

Wer möchte, dass seine genealogischen Werkstücke später, aber eigentlich überhaupt für immer, gefunden werden, der kommt um die ISBN nicht herum. Ich muss das jetzt doch besonders betonen, weil ich weiter vorne bisher Beispiele für veränder- und korrigierbare Texte gebracht habe, die wahrscheinlich nicht über die Familie oder den Verein hinaus verbreitet werden und deshalb nicht unbedingt eine ISBN erfordern würden. Die ISBN selbst wurde ja bereits beschrieben.

Nach diesen Voraussetzungen können wir uns nun ganz auf die SUCHE nach Publiziertem konzentrieren. Der breite, gerade, und erfolgreichste Weg führt über den sogenannten *Karlsruher Virtuellen Katalog (KVK)* und die dazugehörige URL http://www.ubka.uni-karlsruhe.de/kvk.html.

Der KVK ist eine riesige Meta-Suchmaschine, die in Windeseile eine große Zahl angeschlossener Bibliotheks- und Verbundkataloge durchsucht. Sie werden bemerken, dass es in der Suchmaske auch ein Suchfeld ISBN gibt. Es kann also auch ganz direkt über diese Zaubernummer gesucht werden. Die Ergebnisse leiten dann direkt zu den entsprechenden Bibliotheken. Wir treffen die ISBN auch als Ordnungssystem des Buchhandels im *Verzeichnis lieferbarer Bücher (VLB)*. Hierüber sucht der Buchhändler. Der Privatmann kann online über die Pllattform <https://www.buchhandel.de> suchen.

Soweit Anmerkungen zur gezielten Suche nach Publikationen. Natürlich wird man auch die Google-Suche nutzen. Um nicht durch die Fülle von gefundenen Belanglosigkeiten zu ermüden, sollte man dann aber am besten über die gezieltere DEEP-Web-Suchfunktion gehen. Eine ist über Google-Scholar möglich, eine weitere über CHRONICON, die Suchmaschine des geschichtswissenschaftlichen Fachportals „historicum.net". Sie wird von der Bayerischen Staatsbibliothek betrieben. https://www.historicum.net/recherche/

---

* Es scheint derzeit einen Interpretationsspielraum bei Büchern ohne ISBN in einer Auflage unter 25 Stück zu geben. Motto: wo kein Kläger ...

[G] Mit der GEDCOM in die Online-Datenbank

GEDCOM (engl. GEnealogical Data COMmunication) ist eine Definition für den Datenaustausch zwischen Genealogieprogrammen. Inhalt und Qualität der genealogischen Daten dieser GEDCOMs sind aber nur so gut wie die Eingaben der Nutzer in die jeweiligen Programme. Mit diesen Dateien sind die Grunddaten zwischen den meisten Programmen austauschbar. Da die deutschen Programmautoren eine Vereinbarung zum Im- und Export dieser GEDCOM-Daten getroffen haben, ist ein Austausch zwischen diesen Programmen bis zu einem gewissen Grade meist verlustfrei möglich. Schwierig bleibt nach wie vor die Übernahme von digitalem mit der GEDCOM-Datei verknüpften Quellenmaterial.

Welche Rolle spielt die GEDCOM nun aber im Rahmen des PUBLIZIERENs? Der Zulauf zu den großen kommerziellen internationalen genealogischen Online-Datenbanken und ihre letztlich unkritische Akzeptanz bei der Masse der Familienforscher führt bei vielen zu dem Eindruck, dass mit dem Hochladen einer GEDCOM-Datei die eigene Familienforschung ja bereits veröffentlicht sei. Mehr sei nicht zu tun. Dies ist etwas verkürzt mein Eindruck.

Tatsächlich ist eine saubere und möglichst vollständige GEDCOM-Datei *eine* Möglichkeit der genealogischen Öffentlichkeit Forschungsergebnisse zugänglich zu machen.

Peter Teuthorn

Es gibt nach meiner Ansicht derzeit aber nur zwei erwägenswerte Wege für das Publizieren dieser Dateien. Diese sind die (halb-)kommerzielle Online-Datenbank GeneaNet und das Projekt GedBas des auf Open Access ausgerichteten größten deutschen Genealogievereins, des Vereins für Computergenealogie. Alle anderen Online-Datenbanken, insbesondere Ancestry und MyHeritage sind hierzu meines Erachtens nicht geeignet.

Für **GeneaNet** sprechen unbegrenzte Anzahl der Dateien, volle Abbildung des GEDCOM-Inhalts, umfangreiche Kommentierungs- und Auswertungsmöglichkeiten, Einhalten von Datenschutzrichtlinien sowie Kostenfreiheit. Ich habe mich dazu in der Computergenealogie 2/2014, S. 18-20, ausführlich geäußert, auch keinen Hehl daraus gemacht, dass ich diese Lösung derzeit für mich bevorzuge.

GedBas bietet ähnliche Möglichkeiten, hat aber zwei Einschränkungen. Die GEDCOM-Dateien werden zwar vollständig gespeichert, aber derzeit nur selektiv abgebildet. Quellenübernahme, optische Darstellung sowie Kommentierung sind begrenzter als bei GeneaNet möglich. Ein Vorzug besteht allerdings darin, dass die Daten wohl permanent zur Verfügung stehen werden. Es ist dem Forscher dringend anzuraten, das Hochladen auf den CompGen-Server ganz bewusst als einen Akt des Veröffentlichens zu verstehen und in diesem Sinne die seit einiger Zeit vorhandene Möglichkeit wahrzunehmen, die eigenen Daten (Datenbank) ausführlich zu beschreiben.

[H] Das "elektrische" Buch

Ist das eBook überhaupt ein Buch? Oder nur eine neue Hülle für klassischen Buchinhalt? Darüber lässt sich trefflich streiten. Jedenfalls ändert das eBook unsere Lesegewohnheiten und es ist auf einem unaufhaltsamen Siegeszug! Amerika hat es bereits erobert. Nun ist Europa an der Reihe. Zwar sind wir Deutsche etwas eigen, möchten uns nicht so gerne vom amazonischen Kindle-Format dominieren und abhängig machen lassen, aber eines ist sicher, es ist Zeit, sich mit den Möglichkeiten dieses Mediums auseinander zu setzen, das heißt, seine Chancen zu ergründen.

Ich darf mich jetzt nicht verlocken lassen, detaillierter auf die technische Seite des eBooks einzugehen, denn hier soll es ja um den Nutzen für uns Genealogen gehen. Allerdings komme ich später noch einmal auf einfache Anwendungs-fragen zurück.

Zuvor aber bereits eine wichtige Anmerkung an dieser Stelle. Für deutsche Buchkonsumenten, ihre Lesegewohn-heiten und ihr Literaturrepertoire ist das Buchhandelskon-zept immer noch ein wichtiges Kapital. Und dieses wird nicht in der Münze des azw-Formats (Amazon) sondern in der des international offenen epub-Formats angeboten. Deshalb geht es hier beim Schreiben um dieses Format und beim Lesen um Geräte, die es ohne Zwischenkonvertierung unterstützen.

Peter Teuthorn

Man kann ein eBook mit Heimwerkermitteln erzeugen. Dazu reicht ein rtf-Texteditor und ein Programm zur anschließenden Konvertierung in das epub-Format. Es ist also grundsätzlich anzuraten, ein eBook im epub-Format zu erzeugen. Wenn es einem Autor wichtig ist, mit seinem Text auch ein Publikum zu erreichen, das andere Formate bevorzugt, kann die Umwandlung über ein Konvertierungs-Tool hergestellt werden.

Nutzen für den Genealogen?

Familienforscher wollen über ihre Forschungsergebnisse berichten. Dabei haben sie meistens ein umfangreiches Werk im Blick. Aber wegen ihres hohen Anspruchs an Vollständigkeit und Perfektion wird häufig nichts daraus. Das eBook macht es nun möglich, sich diesem großen Ziel schrittweise zu nähern. Denn eine erste Version kann leicht korrigiert und erweitert werden und damit sogar eines Tages auch die Basis für ein gedrucktes Buch sein. Ein solches eBook wird keine Zweitverwertung eines bereits in gedruckter Form erschienenen Buches sein, sondern ein Original.

Für genealogische Texte gibt es allerdings eine nicht unerhebliche Einschränkung, eBooks eignen sich nicht für umfangreiche Stammlisten und Tabellen oder gar Ahnentafeln. Kleinere Tabellen und Graphiken lassen sich jedoch als Bilder im JPG-Format einfügen.

Genealogisches Publizieren

Das eBook eignet sich besonders für Familiengeschichten, eine Sammlung von Blogeinträgen mit Bedeutung über den Tag hinaus, Episoden, Erinnerungen, Forschungsberichte, Tipps & Tricks, eigene Textentwürfe und unveröffentlichte Manuskripte. Wer mit dem Schreiben beginnt findet damit ein gutes Mittel, Schreiberfahrung zu gewinnen. Ein solches eBook muss nicht immer auf den Buchmarkt gelangen und brauchen deshalb nicht unbedingt eine ISBN. Es kann einfach unter Gleichgesinnten verteilt und dazu auf der eigenen Website oder der des Vereins zum Download bereitgestellt werden, kostenlos an Vereinsmitglieder, kostenpflichtig an Fremde. Natürlich kann man es auch über einen Buchverlag bzw. Self-Publishing-Dienst zu mäßigem Preis vertreiben. Das eBook kann mit seinen flexiblen Möglichkeiten vor den Hürden von ambitioniertem Zeitschriftenaufsatz und ehrgeizigem Buchprojekt zu einer breiten Publikationsform für Familienforscherinnen und -forscher werden. Damit erweitert das eBook die Publikationswege des Familienforschers mit einer Fülle neuer Möglichkeiten.

Es ist vorstellbar, einen Text künftig zu aller erst im epub-Format zu schreiben und als eBook zu veröffentlichen. Eine später mögliche Anreicherung mit Zusatzinhalten, Bildern/Scans, und Verzeichnissen, Indices und anderem kann dann zu einer komplexeren PDF-Datei als Vorlage für ein gedrucktes Buch führen. Diese Reihenfolge steht im Gegensatz zu kommerzieller Buchproduktion und zu einem Marketing mit der gewohnten Abfolge Hardcover und Taschenbuch.

Neben originären Texten ist es auch vorstellbar, Beiträge aus Blogs (und ggf. von Websites), die den Tag überdauern könnten, also aufbewahrenswert erscheinen, mit ihrer meist einfachen Formatierung einfach in eBooks zu überführen.

Eine epub-Datei erstellen

Was man wissen und verstehen muss

- Eine epub-Datei ist einfachst formatiert. Sie besteht im Basisteil aus reinem Fließtext und Überschriften, die 2 bis 3 Hierarchie-Ebenen nicht übersteigen sollten.

- Für den Fließtext sollten gängige, überall einfach zu interpretierende Schriften gewählt werden, z.B. Arial oder Times New Roman.

- Es dürfen keine sogenannten harten (händischen) Formatierungen gemacht werden. Alle Formatierungen müssen über Formatvorlagen erfolgen.

- Vor jeder Überschrift der ersten Ebene sollte ein Seitenumbruch eingefügt werden.

- Kopf- und Fußzeilen sowie Seitenzahlen werden nicht gebraucht und müssen deshalb strikt vermieden werden.

- Die Datei sieht im Texteditor nicht ansprechend aus. Unser Schönheitsideal muss einer sauberen Struktur

Genealogisches Publizieren

weichen. Anders als gewohnt zeigt sie ihre Formen erst auf dem eReader. Hier kann der Leser sie in gewissem Umfang an seine Vorstellungen anpassen. Das betrifft Schriftart und Schriftgröße.

Das eBook-Cover

Für das Cover muss eine jpg-Datei in hoher Auflösung erzeugt werden. Um Fragen zu Bildrechten zu vermeiden, empfiehlt sich ein Eigenbau. Es gibt verschiedene voneinander abweichende Empfehlungen. Verlage und Self-Publisher stellen unterschiedliche Anforderungen. Die Tendenz liegt bei 1400-1600 Pixeln Breite und 2000 Pixeln Höhe. Die Datei darf nicht größer als 2 MB sein. Tolino-Media forderte (2015) eine Breite von 1600 Pixeln, BoD (Sept. 2016) exakt 1536x2048 Pixel bei 300 dpi. Da die Empfehlungen variieren, muss man experimentieren.

Zusatzangaben

Neben dem Basistext, dem eigentlichen Buchtext, erfordert das eBook weitere Pflichtangaben. Das sind Titel, Autor (Vorname, Name), eine Beschreibung (entspricht einem Klappentext), Erscheinungsdatum, Verlag (Z.B. Self-Publishing), Schlagwörter und Lizenz-Form. Diese Angaben können mit dem Converter Calibre vervollständigt werden.

Peter Teuthorn

Wie kommt der Text auf das Lesegerät

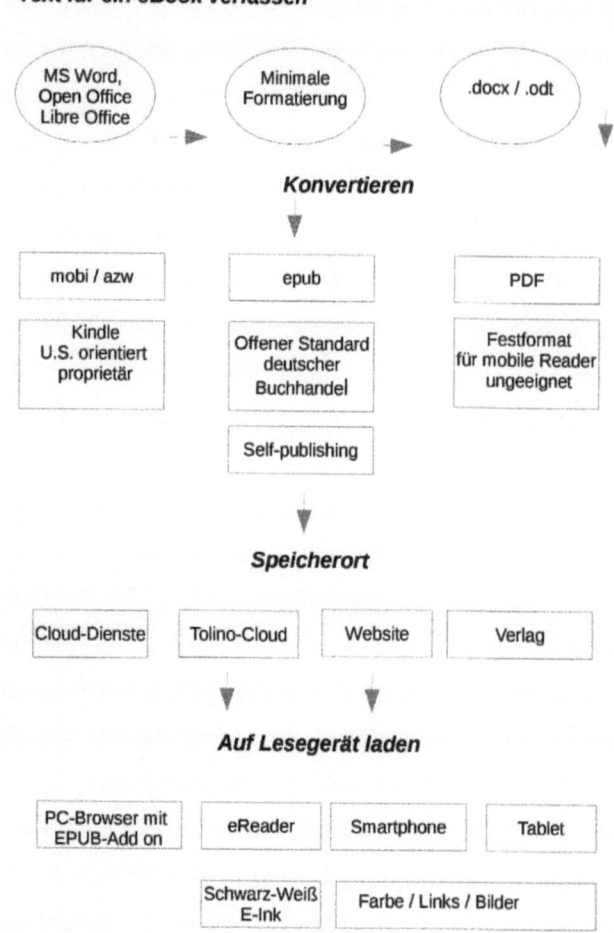

Reader-Welt

Die Welt ist groß und auch aus günstigster Perspektive schwer zu übersehen. Das gilt auch für die eReader, von denen Wikipedia ohne das Kindle knapp 20 Firmenprodukte aufzählt. Aus einfacher Perspektive drängen sich vor allem die Geräte des internationalen Buchhändlers Kobo.Inc. (Kobo) und die der Kooperation Deutsche Telekom, Thalia, Weltbild, Hugendubel und Club Bertelsmann (Tolino) in das Blickfeld. Die Entscheidung muss jeder für sich nach entsprechenden Produktvergleichen treffen. Die Unterschiede sind weniger groß als bei anderen Industrieprodukten. Allen gemeinsam sind besondere Eigenschaften, nämlich blendfreies Schwarz-Weiß-Display, und sehr hohe Akkulaufzeit. Wie beim Buch braucht man genügend Tages- oder Lampenlicht. Angenehm sind Geräte mit Hintergrundbeleuchtung. Der so verursachte zusätzliche Energieverbrauch mindert aber natürlich die Akkulaufzeit.

Bei Tablets hat man den Vorteil eines großen Displays und die bekannten Nachteile bei Tageslicht im Außenbereich. Hinsichtlich der Akkulaufzeit bleiben sie viele Runden hinter den Readern zurück. In der Praxis geht es wohl weniger um ein Entweder-Oder sondern um ein Sowohl-als-Auch. Will sagen, eBooks werden vom Nutzer je nach Arbeitsweise oder Gelegenheit auf mehreren Gerätetypen, also eReader, Tablet, Smartphone aber auch PC gelesen. Bei letzterem überzeugt mich das Add-on des EPUBReaders (siehe weiter unten), der einfach in den Firefox-Browser integriert wird.

(Wer bereits ein Amazon-Kindle besitzt, muss jetzt aber trotzdem nicht abseitsstehen. Er muss dann allerdings die epub-Dateien in das Kindle-eigene Format azw konvertieren.)

Mit EPUBReader direkt im Firefox-Browser lesen

"EPUBReader ist ein Firefox-Add-on, mit dem man epub-Dateien direkt in Firefox lesen kann. Es wird keine zusätzliche Software benötigt!

Wenn Sie auf einer Website auf einen ePub-Link klicken, öffnet sich normalerweise der Firefox "Speichern"-Dialog. Wenn Sie EPUBReader installiert haben, wird stattdessen die ePub-Datei heruntergeladen, verarbeitet und direkt lesefertig angezeigt.

Das Add-on läuft auf allen Betriebssystemen, auf denen Firefox läuft (Windows, MacOS X, Linux) und wird schon von mehr als 500.000 Nutzern täglich verwendet."[1]

---

[1] So hieß es im August 2014 im Blog bei Firefox.

Varianten, ein eBook zu erzeugen

Wie erzeugt man nun ganz praktisch eine reader-fähige epub-Datei? Ich habe mich auf drei Wege begeben.

Erstens

Man kann nach wie vor, wie zuvor geschildert, eine einfache rtf-Datei erzeugen und sie über ein Konvertierungstool, z.B. Calibre, in eine epub-Datei konvertieren. Da dies aber doch ein wenig Tüftelei bedeutet, träumte ich noch 2014 (Erste Auflage) von einem Texteditor, aus dem heraus eine einfache Umwandlung nach epub möglich wäre, und zwar so einfach, wie wir es von PDF-Dateien gewohnt sind. Ein solcher Editor sollte möglichst einfach zu handhaben sein und nur die für epub notwendigen Formatierungen zulassen. Damit würden auch Anfänger angereizt, mit kleinen Texten über ihre Forschung zu berichten.

Zweitens

Mit der Entdeckung des preiswerten Programms Jutoh des schottischen Softwareherstellers Anthemion, http://www.jutoh.com/, bin ich meinem damaligen Traum recht nahegekommen. Es gibt eine deutsche Bedienoberfläche, allerdings nur ein englisches, aber gutes Handbuch. Man kann eine wie unter Erstens erzeugte Datei einlesen und anpassen, das Programm also als Konverter benutzen. Aber Jutoh lässt sich auch originär als Schreib-Tool verwenden.

Peter Teuthorn

Drittens

In den letzten zwei Jahren haben die Self-Publishing-Verlage einen großen Modernisierungssprung gemacht. Unter anderem haben sie Editoren entwickelt, die dem Kunden, der dort veröffentlichen will, online kostenlos zur Verfügung stehen. Da die Wahl des Unternehmens natürlich von weiteren Gesichtspunkten wie vor allem dem jeweiligen Verbreitungs- und Marketingangebot, vielleicht auch dem individuellen Geschmack, abhängig ist, muss der mögliche Kunde sich nach seinen Vorlieben entscheiden.

Ich habe den Easy-Editor von BoD ausprobiert und bin sehr angetan. Dateien können leicht importiert, Bilder und Links zuverlässig eingefügt werden. Mit einer schnellen Vorschau kann das künftige eBook beurteilt werden. Auch ein Download auf den eReader ist mit dem Hinweis, dass es sich um ein Vorschauexemplar handelt, möglich. Damit ist vor dem endgültigen Veröffentlichen ein intensives Korrekturlesen möglich.

Der Editor ist nur online zu nutzen. Die Publikation beinhaltet ohne weitere Kosten für den Autor eine ISBN.

[I] Social Media & Publizieren

Social Media unterstützt die Familienforschung und das Bekanntmachen ihrer Ergebnisse, also auch das Publizieren. Facebook, Google+ und Twitter sind selbst keine Plattformen für genealogisches Publizieren. Sie können aber als Hinweisgeber zu Publikationen strategisch eingesetzt werden.

Peter Teuthorn

Web-Links - eine willkürliche Auswahl

Allgemein / Überblick / Tutorial
http://hoffmann.bplaced.net/epub/
[Eine umfassende, ausführliche und aktuelle Anleitung findet sich unter dem Titel: *'Digitale Bücher, E-Books im Format EPUB selbst erstellen'* bei Dr. Olaf Hoffmann]

http://www.selfpublisherbibel.de/category/ubersichten/
[Sehr vielseitige Palette von Fragen und Antworten zum Self-Publishing]

Verlage bzw. Self-Publishing-Dienstleister
http://www.neobooks.com
http://www.epubli.de/
http://www.bod.de/

eBook-Cover ***
http://www.selfpublisherbibel.de/ebook-cover-was-sie-beachten-sollten-wer-es-gestaltet-und-was-es-kostet/

Facebook-Gruppe Self-Publishing
https://www.facebook.com/groups/184413921615603/

Konverter
Calibre-eBook-Management
http://calibre-ebook.com/
Sigil
https://sigil-ebook.com/

Genealogisches Publizieren

Kleinere Texte
http://ebook.online-convert.com/convert-to-epub
http://www.avs4you.com/de/AVS-Document-Converter.aspx

Schreibprogramm Literatur
http://www.papyrus.de/download/files/ct_2014_Heft_10_Papyrus_Autor_Test.pdf

http://www.selfpublisherbibel.de/jutoh-das-inoffizielle-handbuch-schnelleinstieg/

http://www.jutoh.com/ - Deutsche Oberfläche verfügbar. Handbuch Englisch. – Auch als Converter einsetzbar.

Peter Teuthorn

Verwendete Abkürzungen

AMF	= Arbeitsgemeinschaft für Mitteldeutsche Familienforschung
BLF	= Bayerischer Landesverband für Familienforschung
Blog	= WeB Log / Netztagebuch
Book-on-Demand	= Erst die Buchbestellung löst den Druck aus
CompGen	= Verein für Computergenealogie
DAGV	= Deutsche Arbeitsgemeinschaft Genealogischer Verbände
GEDCOM	= **GE**nealogical **D**ata **COM**munication
FoKo	= Forscherkontakte / Datenbank zur Herstellung von Forscherkontakten
Google+	= Googles Soziale-Medien-Plattform
epub-Format	= Dateiformat für eBooks
GenWiki	= Das Genealogie-Wiki / Wiki des CompGen
ISBN	= International Standard Book Number
ISSN	= International Standard Serial Number
IT	= Internet-Technologie
Kekule	= Genealogisches Ordnungssystem
MindMap	= Kreativtechnik zur Projektplanung
OFB	= Ortsfamilienbuch
Open Access	= Öffentlicher freier Zugang zu Informationen / Gegenteil von Bezahldiensten
PDF	= Plattformunabhängiges Dateiformat für Dokumente
Permalink	= Dauerhafter Weblink
Print-on-Demand	= Buchdruck nach Bestellung
SHFam	= Schleswig-Holsteinische Familienforschung
Social Media	= Sogenannte Soziale Medien / Soziale Kontakte über Web-Medien

Genealogisches Publizieren

TNG	= The Next Generation of Genealogy Sitebuilding / Webbasiertes Genealogieprogramm
Twitter	= Kurznachrichtendienst mit Textbegrenzung auf 140 Zeichen
Wordpress	= Blog-System

Peter Teuthorn

Zum Schluss

Drei Dinge waren mir wichtig. Erstens, Form und Wege des Veröffentlichens genealogischer Forschungsergebnisse aufzuzeigen, zweitens, zögernde Familienforscher zu ermutigen, über ihre Forschungen zu berichten. Es sollte nun klar sein: Genealogisches ist mehr als das Online-Stellen einer GEDCOM-Datei.

Der dritte Punkt betrifft das eBook und seine vermutete Eigenschaft als einfaches und schnelles Kommunikationsmittel. Mit dem Ergebnis bin ich nicht unzufrieden. Ein solcher Text kann in diesem Format unter Freunden verteilt werden und zu diesem Zweck auf der eigenen Website offen oder hinter einem Passwort verborgen angeboten werden. Was aber noch schwierig bleibt, ist die nötige Feineinstellung, die auch vom Laien gefordert wird, damit seine selbsterstellten epub-Dateien über Book-on-Demand-Anbieter in das Netz gehen können. Die Anthemion-Software Jutoh hilft, auch diese letzte Hürde zu nehmen. Wer seinen Ehrgeiz, dies selbst zu schaffen, zurückstellt, kann diese Leistung entweder gegen Entgelt beim Verlag einkaufen oder die neuerdings von den Book-on-Demand-Verlagen angebotenen speziellen Editoren für eBooks versuchen.

Peter Teuthorn

Raum für Eigene Notizen

Genealogisches Publizieren

Peter Teuthorn